CLAUS M. SCHMIDT

Tierwissen
für (kleine) Klugscheißer

Aha-Effekte, Irrtümer
und andere Wahrheiten

KLARTEXT

Bibliografische Information der Deutschen Nationalbibliothek
Die Deutsche Nationalbibliothek verzeichnet diese Publikation in der Deutschen Nationalbibliografie; detaillierte bibliografische Daten sind im Internet über http://dnb.dnb.de abrufbar.

IMPRESSUM

1. Auflage März 2020

Layout und Satz: Joachim Bartels

Umschlagfotos: Adobe Stock: ©bettysphotos, ©photographee2000, ©Aniko G Enderle, ©joeydanuphol, ©DigitalGenetics, ©Alekss, ©Eric Isselée, ©Štěpán Kápl, ©Ralf Punkenhofer, ©Birgit Reitz-Hofmann, ©oxinoxi | animal press

Druck und Bindung: Griebsch & Rochol Druck GmbH, Gabelsbergerstraße 1, 59069 Hamm

© Klartext Verlag, Essen 2020

Alle Rechte vorbehalten

ISBN 978-3-8375-2227-3

KLARTEXT   Jakob Funke Medien Beteiligungs GmbH & Co. KG
Jakob-Funke-Platz 1, 45127 Essen
info@klartext-verlag.de, www.klartext-verlag.de

Inhalt

4	Der Autor	62	Von wegen „König der Tiere"
5	Manege frei	64	Die 10 erfolgreichsten tierischen Neubürger
6	Einführung		
8	Weltkarte der Tiere	68	Wer weiß denn sowas über Bienen?
10	Einmal um die Tierwelt	70	So baust du ein Insektenhotel!
11	Verrückte Tiergesetze	72	Ganz schön clever!
12	Zahlen und Fakten	74	Krieg der Hörnchen
14	Fleißige Bienen …	76	Der Duft von Klo und Turnschuh
16	Die 10 seltensten Tiere	78	Die 10 gefährlichsten Tiere
20	Stadtfüchse	80	Der „goldene" Fisch
22	10 Designerhunde	81	Kühe ohne Hörner?
26	Apotheke im Nest	82	Kurioses aus der Welt der Tiere
27	Von wegen Spatzenhirn	86	Keine Angst vor niemand
28	Tiere, die es gar nicht gibt	88	Der König der Wälder ist ein Warmduscher
32	Wer andern in der Nase popelt …		
36	10 Katzenrassen	89	Von wegen Affen äffen alles nach
40	Die Vogeluhr	90	Tierische Rekorde
44	Eisbären und Klimawandel	92	Von wegen Papageien plappern nur nach
45	Die Mutter aller Goldhamster		
46	Warum Hasen explodieren	93	Katzen im Reich des Pharao
48	Lebende Fossilien	94	Quiz
52	Such mich doch!	98	Zeitreise
56	Tierische Großfamilien	104	Zitate: Was Menschen über Tiere sagen
60	Rekordverdächtige Pferde		

Der Autor

Claus M. Schmidt
ist aufgewachsen mit Hunden, Hamstern,
Wellensittichen, Fischen und was man sonst noch
in Haus und Gartenteich halten kann. Er studierte
Zoologie und Verhaltensforschung und arbeitete
im Zoo. Auch in seiner auf Tiere spezialisierten
Medienagentur animal.press lässt den langjährigen
Chefredakteur von „Ein Herz für Tiere" und „BBC
Wildlife" das Thema nicht los.

Manege frei – Tierwelt voller Überraschungen

Der Adler staunt, als der Hase über ihn wegfliegt, ein Löwenpascha nimmt Reißaus
vor einem Elefanten, die Bienen sind entsetzlich faul und Yeti, der Schrecken
der Bergsteiger, verdirbt sich den Magen mit 36 Schokoriegeln …
Willkommen in der Welt echter, lebender Tiere, die oft so ganz anders ist!
Überraschend anders als du und ich und viele Menschen es erwarten.
Damit du es besser weißt, haben wir genau hingesehen, sensationelle Bilder
und neue Erkenntnisse über Kängurus, Elefanten, Pinguine, Löwen und andere
faszinierende Tiere mitgebracht. In diesem Buch erfährst du auch die ganze
Wahrheit über Einhörner, das Seeungeheuer Nessie oder Phoenix, den Vogel aus
der Asche. Wissenswertes und Überraschendes gibt es auch von seltenen Arten
und der heimischen Tierwelt zu berichten. Wusstest du, dass Straußenvögel aus
Südamerika, Papageien aus Indien und Flamingos aus Chile schon in großer Zahl
mitten unter uns leben? Neue Hunderassen sind in den letzten Jahren entstanden,
die wir dir vorstellen. Aber vielleicht magst du ja auch lieber Katzen – dann findest
du unter den Top Ten der beliebtesten Rassen sicher die richtige für dich!
Viel Vergnügen in der lebendigen Welt der Tiere!

Einführung

Rund 5.500 Arten von Säugetieren wurden bisher entdeckt und beschrieben. Das größte Säugetier, der Blauwal, wiegt so viel wie 100 Autos, der Afrikanische Elefant als größter Landbewohner bis zu 5 Tonnen. Das kleinste, die Etruskerspitzmaus, wiegt gerade mal 2 Gramm. Erstaunlich, dass in diesem kleinen Wesen ein Herz schlägt, eine Lunge atmet, Magen, Darm und Leber für die Verdauung zuständig sind. Dann sind da noch alle fünf Sinne versammelt und ein Köpfchen mit Grips sitzt hinter wachen Augen und einem Supernäschen. Alles auf kleinstem Raum!

Kaum anders sieht es bei den Vögeln aus, die allerdings mit mehr als 10.000 bekannten Arten erfolgreicher sind als die Säugetiere. Auch hier gibt's große, wie den Vogel Strauß, der es auf 120 Kilo Gewicht bringt, und kleine, wie den nur 1,6 Gramm leichten kleinsten aller Kolibris.

Rein von der Artenzahl kommen dann die Spinnentiere mit 100.000 Vertretern, die Weichtiere, zu denen Schnecken, Muscheln und Tintenfische gehören, mit 130.000 verschiedenen Arten und schließlich Biene, Schmetterling und Co., die Insekten, mit geschätzten 600 Millionen Arten.

Besonders um diese Gruppe sorgen sich Naturschützer. Ihre Zahl ist durch Umweltgifte in den letzten Jahren stark zurückgegangen.

Weltkarte der Tiere

Einmal um die ganze Tierwelt …

Afrika ist der Kontinent der Löwen und der Elefanten? So einfach ist es nicht – denn dasselbe kann man von Asien sagen. Auch hier gibt's Löwen und Elefanten. Nur dass von den Asiatischen Löwen, die in historischen Zeiten von Griechenland bis weit nach Indien hinein lebten, nur noch wenige übrig sind. Die Verbreitung von Feuerwaffen brachte den Asiatischen Löwen das Ende.

Tiere verschwinden – wie die gigantischen Dinosaurier aus einem Land vor unserer Zeit. Allerdings ist die Sippe der Saurier damit noch längst nicht ausgestorben. Die kleineren Versionen der „Schreckensechsen", Krokodile und Echsen, sind uns geblieben.

Der großen Zeit der großen Dinos folgte vor 100 Millionen Jahren die Zeit der Säugetiere und Vögel. Feder und Haar lösten die Schuppen ab. Arten verschwinden, Arten verändern sich – und sie wandern. Schon immer gab es einen lebhaften Austausch von Fischen und anderen Meerestieren um den ganzen Erdkreis. Schließlich sind die Ozeane grenzenlos. Man schwimmt einfach von hier nach da. Grenzenlos ist auch der Himmel. So konnten Vögel Inseln und entfernte Kontinente erreichen, wo sich die gefiederten Siedler über Generationen auf ein neues Leben einstellten.

Im Zeitalter des Menschen ist die Erde auch für „Fußgänger, Nichtschwimmer und Nichtflieger" unter den Tieren grenzenlos geworden. Siedler brachten Kaninchen nach Australien, wo sie sich so vermehrten, dass sie zur Landplage wurden. Engländer brachten das amerikanische Grauhörnchen nach Europa, wo es sich erfolgreich vermehrt, amerikanische Waschbären streifen in Millionenzahl durch deutsche Wälder, weil vor fast 100 Jahren ein Jäger die Idee hatte, Tiere zu kaufen, um unsere Natur mit ihnen zu bereichern.

Die Erde dreht sich weiter und die Veränderung der Tierwelt macht niemals Halt.

Aha

Die verrücktesten Tiergesetze der USA

§ Im Städtchen Wilbur in Washington sind nach einem Urteil aus den Tagen des Wilden Westens „hässliche Pferde" verboten.

§ Wer in Georgia eine Giraffe an einen Laternenpfahl bindet, verstößt gegen das Gesetz.

§ Im sonnigen Florida muss man die normale Parkgebühr für einen Pkw einwerfen, wenn man einen Elefanten an der Parkuhr festbindet.

§ In Paulding/Ohio dürfen Polizisten Hunde beißen, wenn es erforderlich ist, sie ruhig zu stellen.

§ In Illinois dürfen Menschen Hunden keine dämlichen Grimassen schneiden.

§ In Toledo/Ohio ist es nicht erlaubt, mit Schlangen nach Personen zu werfen.

§ In Cresskill/New Jersey müssen freilaufende Katzen zum Schutz der Vogelwelt drei Bimmel-Glöckchen um den Hals tragen.

§ In Sterling müssen streunende Stubentiger in der Nacht am Hinterende einen Rückstrahler tragen.

§ In Seattle darfst du nur dann mit deinem Goldfischglas öffentliche Verkehrsmittel benutzen, wenn sich der Fisch oder die Fische während des Transports ruhig verhalten.

Zahlen und Fakten

Radarohren

Nicht weniger als 27 Muskeln bewegen das Ohr einer Katze. Sie richten die Ohrmuschel genau aufs Ziel. So kann die Katze das Trippeln einer Maus nicht nur hören, sondern über ihr Ohrenradar auf den Millimeter genau feststellen, wo sich die Maus befindet.

Fleißig

Um seinen täglichen Nahrungsbedarf mit Fichtensamen zu decken, muss ein Eichhörnchen knapp 200 Zapfen abknabbern. Für einen Zapfen aber braucht es etwa 3 Minuten. So ist es zehn Stunden pro Tag mit Futtern beschäftigt.

Profischnüffler

100 Millionen Riechzellen stecken in der Mopsnase, bei Langnasen wie dem Border-Collie sind es gar 300 Millionen.

Walzwerge

Bis zu 1,5 Meter lang und 50 Kilo schwer sind die Schweinswale der Nord- und Ostsee. Pro Kilo Gewicht verlieren diese Zwerge mehr Wärmeenergie als ihre großen Vettern, die bis zu 200 Tonnen wiegen. Diese Energie besorgen sie sich durch pausenloses Futtern. 3.000 Fische von etwa 5 cm Größe erbeuten sie täglich.

Flinke Flitzer

Die witzigen Rüsselspringer mit der langen Nase sind zoologisch gesehen tatsächlich Verwandte der Elefanten. Und flink sind sie. Wissenschaftler haben ihre Zeiten gestoppt und ein Tempo von 29 km/h ermittelt.

Verdrehte Welt

Eulen können ihren Kopf vertikal um 180 Grad, horizontal um mehr als 240 Grad drehen. Im Gegensatz zum Menschen, der nur 7 Halswirbel hat, sind Eulen mit 14 Halswirbeln viel beweglicher.

Viel Mist

100 Kilo Mist produziert ein Afrikanischer Elefant pro Tag.

Dick und doof

Mondfische gelten als dümmste Fische der Welt. Den bis zu 2 Tonnen schweren Tieren reicht ein Gehirn von der Größe des Spatzenhirns völlig.

Fleißige Bienen und emsige Ameisen …

Das Bild von der fleißigen Biene und der emsigen Ameise hat einen Knick bekommen. Forscher ließen sich nicht vom Gewimmel der geschäftigen Massen ablenken. Sie markierten einzelne Tiere mit Farbe und verfolgten ihre Kandidaten. Hängt man sich als Forscher nämlich mal einem einzigen Tier an die Fersen wie ein Detektiv, dann zeigt sich, dass Ameisen

und Bienen Ruhe durchaus zu schätzen wissen.
Allerdings finden die ausgedehnten Pausen meist
im Bau oder Stock statt, während draußen weiter
gewuselt wird.
Der Blick ins Innere ließ die Forscher staunen:
78 Prozent ihrer Lebenszeit entspannt sich die
Ameise beim bewegungslosen Ausruhen. Bienen
bringen es zwar auf ein Verhältnis von 30 Prozent
Arbeit zu 70 Prozent Ruhe. Doch dieser Eifer gilt nur
für die sommerlichen Sonnenstunden, die Stoßzeit
der Ernte. Im Herbst und Winter, die meiste Zeit des
Jahres also, herrscht im Bienenstock die pure
Faulheit. Bei Kälte und Schlechtwetter bedient man
sich ganz bequem von den Honigtöpfen.

Die 10 seltensten Tiere

Etwa 5.500 Arten von Säugetieren sind bekannt. Von 122 dieser Arten, wie dem Tasmanischen Beutelwolf oder dem Quagga, einem streifenlosen Zebra aus dem Süden Afrikas, gibt es nur mehr Fotos und Museumspräparate. Sie wurden von Menschen ausgerottet. Jede sechste Säugetierart listet die IUCN, die Weltnatur-schutzorganisation, als bedroht.

Großer Panda oder Bambusbär

Sein Lebensraum sind die chinesischen Hänge des Himalaya. Rund 3.000 Großpandas sind dort in den Bambuswäldern unterwegs. Zwar sind die Wälder geschützt, zwar steht die Todesstrafe auf Wilderei – doch mit dem Schwinden der Wälder wird es in der Freiheit eng für die Nahrungsspezialisten.

Bergbongo

Mit einem Bestand von nur 70 Tieren ist das in den Wäldern Ostafrikas lebende Bergbongo Afrikas seltenstes Tier. Und eines der am meisten vom Aussterben bedrohten Säugetiere unserer Erde! Die letzte Zuflucht der Art ist auf einen winzigen Zipfel von Kenia beschränkt.

Mekong Flussdelfin

Wenn der Mekong in der sommerlichen
Trockenzeit wenig Wasser führt, ist die
Chance am größten, die letzten Flussdelfine
zu sehen. Der WWF schätzt den Bestand
heute auf 80 bis 100 Exemplare.

Goldlöwenäffchen

Die Küstenregenwälder Brasiliens, die
Mata Atlantica, sind die Heimat des knapp
30 Zentimeter kleinen goldgelben Äffchens.
Wie seine ganze Sippschaft von Krallenaffen,
flitzt auch dieses Äffchen von der Größe eines Eich-
hörnchens durch die Zweige und schläft in Baumhöhlen. Als
vor 50 Jahren nur noch 300 Tiere lebten, starteten Naturschützer ein großes Rettungsprogramm. Inzwischen ist ihre
Zahl über 1000 Köpfe angewachsen.

Java-Nashorn

Die Bevölkerung wächst in Asien, und die indonesische
Insel Java gehört zu den am dichtesten besiedelten
Regionen unserer Erde. Wälder werden gerodet, Felder
angelegt, Straßen gebaut, die Städte wuchern … Platz für große
Tiere wie das Java-Nashorn bleibt da wenig. Und dann gibt es noch die Wilderer,
die es auf sein Horn, seine Haut, die Knochen und andere Teile abgesehen
haben. So war es um die Java-Nashörner fast geschehen, als die indonesische
Regierung einen Nationalpark für sie schuf.

Bergorilla

Die Vulkane an der Grenze der Länder Ruanda und der Demokratischen Republik Kongo und ein Wald im Südosten Ugandas sind Heimat der letzten tausend Berggorillas. Dem Einsatz der Forscherin Diane Fossey (†1985) ist zu verdanken, dass die Bestände heute Schutz genießen.

Asiatischer Löwe

Heute kennen wir die große Katze meist nur aus der afrikanischen Savanne – doch in historischer Zeit lebten Löwen noch im Gebiet von der Türkei über Indien bis nach China hin. Erst mit Einführung der Feuerwaffen wurde er überall ausgerottet. Nur ein Bestand im indischen „Gir-Wald" entkam den Großwildjägern. Damals lag der Bestand der letzten Asiatischen Löwen bei etwa 100. Durch Besiedlung hat sich das Revier der Löwen inzwischen verkleinert.

Tiger

Die größte aller Katzen hat es schwer. Im Lauf der letzten 100 Jahre ist ihr Bestand in der Natur von über 100.000 auf etwa 3.200 gesunken. Im chinesischen „Jahr des Tigers" beschlossen 13 Staaten, in denen Tiger leben, Schutzmaßnahmen. Ziel der Naturschützer ist es, die Zahl der Tiger innerhalb der nächsten zehn Jahre zu verdoppeln.

Europäischer Nerz

Die feinen Haare stehen so dicht, dass kein Tropfen Wasser an den Körper des Nerzes gelangt, wenn er auf der Suche nach Fischen, Krebsen, Schnecken und Muscheln taucht. Und wenn er auftaucht und sich schüttelt, ist er wieder trocken. Kein Wunder, dass der Pelz des Nerzes ein begehrtes Kleidungsstück wurde. Allerdings braucht man für einen Mantel recht viele von den knapp 30 bis 40 Zentimeter langen Tieren. So hat die Jagd den Europäischen Nerz an den Rand der Ausrottung gebracht.

Mittelmeer-Mönchsrobbe

Die Mönchsrobbe mag's still, lebt einsam und zurückgezogen. Pech, wenn man da ausgerechnet im Mittelmeer zu Hause ist, wo den Sommer über Sonnenschirme jeden Strand pflastern und die letzte Bucht von Freizeitkapitänen belagert wird. Die Reviere sind hoffnungslos überfischt, Netze können bei Tauchgängen leicht zu Todesfallen werden – und wer nicht tief genug taucht, kann vor der Küste und auf offener See in die Schrauben von schnellen Jachten und Booten geraten. Darum gehört die Mittelmeer-Mönchsrobbe inzwischen zu den am stärksten bedrohten Säugetieren. 350 Tiere dieser Art gibt es noch.

Vom Wald in die City: Stadtfüchse

Hier hechtet ein Fuchs nach Mäusen – oft ist die Maus schneller –, doch am Ende ihres Jagdausflugs kann die Fähe (so heißen weibliche Füchse in der Jägersprache) ihren Welpen frische Mäuse in den Bau bringen.

Mäuse sind die Hauptnahrung unserer Füchse. Zur Not futtern sie aber auch Regenwürmer. Ein Verhaltensforscher zählte, dass ein Fuchs in einer einzigen verregneten Nacht 150 Würmer wie Spaghetti verzehrte.

Wildforscher beobachten in den letzten Jahren einen neuen Trend. Zunehmend zeigen sich Füchse in der Nähe von Häusern. Weil Jäger hier nicht schießen dürfen, verlieren sie ihre Scheu vor Menschen. Immer mehr Füchse zieht es in die Städte. Würmer, Mäuse, Ratten und Müll gibt es hier satt– und sichere Verstecke. In Städten ist die Besiedlung mit Füchsen heute bereits zehnmal dichter als auf dem Land.

In Berlin besuchte ein besonders vorwitziger Fuchs Schloss Bellevue, die Dienstvilla des Bundespräsidenten. Im Berliner Ortsteil Köpenick sind einige gar den Bewohnern aufs Dach gestiegen, um sich zu sonnen.

Der „Dachfuchs" von Berlin-Köpenick

Die 10 trendigsten Designerhunde
Ist vielleicht einer für dich dabei?

1.

Poogle

Wenn ein Pudel und ein Beagle ein Baby bekommen, wird´s ein Poogle. Die Größe von Poogles variiert zwischen 7 und 20 Kilo und hängt natürlich von der Statur des Pudel-Elternteils ab.

2.

Labradoodle

Der Labrador gehört ja schon lange zu den beliebtesten Hunden. Während der Pudel seit Jahrzehnten eher als „geht gar nicht"-Hund gilt. Das hängt aber weniger mit dem Hund als mit seiner Frisur zusammen. Denn Pudel sind super: verträglich, sanft, zuverlässig und klug. Kein Wunder also, dass in vielen der beliebten „Designerhunde" ein Pudel steckt. Beim Labradoodle ist es immer der Groß- oder Königspudel.

3.

Goldendoodle

Eine umwerfende Hundeschönheit ist die Mischung aus Golden Retriever und Pudel. Verträglich, freundlich und verspielt ist er – und hat die Ausdauer einer Sportskanone. Je nach Ausgangsfarbe der Eltern fällt seine eigene Farbe aus. Das Fell kann seidiges Fleece sein, pudelig gelockt oder wollig.

4.

Whoodle

Aus Irland stammt der flauschige Wheaton Terrier. Dass er sich so gerne bewegt, hat er vom Terrier, seine Liebe zum Schwimmen vom Pudel. Wasser zieht ihn unwiderstehlich an! Zum Glück trocknet das Fell nach dem Schütteln fast so schnell wie beim Pudel.

5.

Puggle

Im Deutschen könnte man ihn auch Mogle nennen! „Pug" steht für den Mops – und der „gle" für den Beagle. Beide Rassen sind nicht bekannt dafür, dass sie sich gut erziehen lassen. Also macht auch der süße Puggle vorwiegend, was er will.

6.

Jack Chi

Der Jack Russell ist ein Energiebündel. Ein kleiner quirliger Jagdhund voller Tatendrang! Paaren sich diese Eigenschaften mit dem teils coolen, teils verwöhnten Auftritt eines Chihuahua, kommt ein äußerst selbstbewusstes Kerlchen raus, das ebenso gern rennt, wie es sich auf dem Arm tragen lässt. Bei einem Gewicht von 4 bis 7 Kilo ist das nicht so leicht wie beim Chihuahua – aber immer noch möglich.

7.

Maltipoo

Für einen Designerhund ist der Mischling zwischen Malteser und Zwergpudel fast schon zu etabliert. Der Maltipoo hat eine kurze Stupsnase mit Haaren, die ein wenig an eine Flaschenbürste erinnern.

8.

Lhasapoo

Ein Löwe für die Tasche, fluffig wie eine Puderquaste und dabei leicht gelockt. Vom fernöstlichen Löwenhund, dem Lhasa, hat er seinen Schutzinstinkt. Vom Kleinpudel die Intelligenz und Anhänglichkeit. So ist der Schoßhund zugleich ein Wachhund.

Bagle Hound

Auf *einen* Befehl folgt der Bagle Hound
100-prozentig perfekt: „Liegen bleiben!"
Das klappt immer! Denn liegen – ja, das
kann der Hund, der die Ruhe selbst ist wie
kein zweiter. Jeden Moment, den er nicht
auf den Beinen sein muss, den nutzt er für
ein Nickerchen. Ein richtiger Faulpelz-Hund!

Yorktese

Wenn sich ein Yorkshire Terrier freut, dann
freut er sich richtig, und mit dem Schwanz
wackelt das ganze Hundchen. Er liebt seine
Menschen und zeigt das – und ganz genau
so fordert er seine Zuwendung. Ein Herzens-
brecher – vielleicht noch eine Spur fluffiger –
ist der Malteser; die Kombination aus beiden
ergibt den Yorktesen.

Apotheke im Nest

Es gibt kleine fiese Blutsauger, die der Vogelwelt das Leben schwer machen. Diese Federlinge, Milben und Läuse überwintern in ihren leeren Nestern und warten nur auf die nächste Generation von Küken, um ihr Blut auszusaugen. Nicht mit uns – sagen viele kluge Vögel und polstern ihr Nest vor der Eiablage mit Heilkräutern, die diese Plagegeister vertreiben. Eine Vorsorge, die entscheidend für das Überleben ihrer Küken sein kann. Blätter von Wilder Möhre, Wurmfarn, Knoblauchgewächse und Minze finden sich auffallend oft in Nestern. Es hat sich gezeigt, dass die intensiven Aromen der Wilden Möhre das Schlüpfen von Zecken, Läusen und Milben aus dem Ei blockieren.

Manche dieser Pflanzen findest du übrigens als Heilpflanzen auch in deiner Apotheke. Auch außerhalb des Nests können sich Vögel gegen Parasiten wehren. So baden viele bei Gelegenheit in Ameisenhaufen, wo sie sich von den Insekten mit reinigender Ameisensäure „duschen" lassen. Besonders Stare gelten als äußerst erfindungsreiche Schädlingsbekämpfer. Sie wurden schon beobachtet, wie sie ihr Gefieder mit den ätzenden Ausscheidungen von Tausendfüßlern, dem Tabak von Zigarettenkippen und dem keimtötenden Blütenstaub der Dotterblume imprägnierten.

Von wegen Spatzenhirn

Unterstellt man jemandem ein Spatzenhirn, will man damit sagen, das derjenige sehr dumm ist. Das ist total ungerecht! Denn Spatzen sind überhaupt nicht dumm! Bei einer Malaria-Epidemie in Indien entdeckten Vogelkundler in den Spatzennestern der Millionenstadt Kalkutta Erstaunliches: Kunstlos nach Spatzenart zusammengeschustert, waren doch fast alle Nester mit frischem Grün ausgepolstert. Ungewöhnlich für die unordentliche Spatzenwelt, die Plastikteilchen, Hundehaar, Papierservietten und sonstige Fundsachen wahllos als Baustoff einsetzt. Eine Untersuchung der Blätter zeigte, dass sie alle von einer Heilpflanze stammen, die überall in Indien gegen Malaria, das gefährliche Wechselfieber eingesetzt wird. Spatzen, deren nackte Küken in den ersten Lebenstagen besonders gefährdet sind, hatten sie offenbar gezielt und vorbeugend damit ausgepolstert. Da diese Pflanze nicht in der Stadt, sondern nur im Um-kreis wächst, müssen die klugen Vögel ihr ungewöhnliches Baumaterial von weit her geholt haben.

27

Die Wahrheit über die bekanntesten Tiere, die es gar nicht gibt

Yeti

Der Yeti ist ein typisches Fabeltier. Er lebt in einer unzugänglichen Gegend und es gibt keine Fotos von ihm. Das etwa menschengroße Wesen soll einsame Wanderer überfallen und Tiere von der Weide rauben. Teilnehmer einer Himalaya-Expedition berichteten sogar, dass ein Yeti 36 Schokoriegel aus dem Rucksack geklaut habe! Die riesigen Spuren im Schnee waren denen von Menschen ähnlich. Gab es im Himalaya unheimliche Menschen oder hatte sich hier eine Form großer Menschenaffen erhalten? Lange wurde gerätselt. Bis ein pfiffiger Zoologe sich den angeblichen Fußabdrucks eines Yeti im Schnee ansah und Abdrücke von Krallen erkannte. Damit war klar: Der Yeti war ein Bär – ein Kragenbär.

Einhorn

Kein Pferd ist bekannter als das Einhorn: Es steht in Spielwarenläden, findet sich als Hauptdarsteller in Büchern und Filmen. Das Pferd mit einem geschraubten Horn mitten auf der Stirn ist aber nicht nur in unserer Zeit populär – es findet sich in ältesten Quellen der Menschheit, ihn persischen und indischen Mythen und auf römischen Reliefs. Große Ähnlichkeit weist das klassische Einhorn mit dem Stoßzahn des Narwals auf. Bis zum Mittelalter wurde der meterlange Zahn aus Elfenbein für das Horn des Einhorns gehalten. „Ainkhürn" – Einhorn heißen die Zähne in Skandinavien.

Nessie

Erstmals wurde das „Ungeheuer von Loch Ness" im 6. Jahrhundert erwähnt. Damals berichtete ein Abt, wie ein Seeungeheuer aus dem Fluss Ness einen Menschen verschlingen wollte. Immer wieder tauchte das Ungeheuer, das später den netten Namen Nessie bekam, in Erzählungen auf. Heute vermutet man, dass es sich um einen Meeresaal von etwa zwei Metern Länge handeln muss. Trotz aller Suche ist hier noch kein größeres Monster aufgetaucht. Wem das Wasser nicht zu kalt ist, der kann also beruhigt in Loch Ness baden gehen …

Phoenix

In vielen Kulturen seit dem Alten Ägypten gilt der Vogel, der verbrennt und dann völlig frisch und neu wieder da ist, als Sinnbild der Unsterblichkeit. Bei „Star Trek" ist es der Name des ersten Raumschiffs, in „Star Wars" ist er das Wappen der Jedi-Ritter. Der aktuelle Name des Web-Browsers Firefox entstand aus den Vorstufen Phoenix und Firebird. Richtig bekannt wurde der Vogel aus der Asche durch „Harry Potter", der fünfte Band der Buchreihe trägt den Vogel sogar im Titel: „Harry Potter und der Orden des Phönix".

Drache

Geschichten über Drachen und Drachentöter gibt es schon richtig
lange. Seit mehr als 5.000 Jahren sind Erzählungen aus der ganzen
Welt über Drachenwesen überliefert. Meist sieht der Drache in diesen
Geschichten aus wie eine übergroße Schlange mit Beinen und Flügeln.
Mal lebt er in Höhlen, mal unter der Erde, mal in der Wüste, mal im
Wasser, von wo aus er ganze Schiffe packt. Drachen sind auch heute
in Filmen und Büchern beliebte Figuren: Vom
kleinen Drachen Kokosnuss über Ohnezahn
und seine Freunde aus „Dragons" bis hin
zur Fantasy-Reihe „Eragon".

Werwolf

Tagsüber ist er ein ganz normaler Mann. Nachts aber,
besonders in Vollmondnächten, geschieht eine furchtbare
Verwandlung: Das Haar wird wild und struppig, wächst überall am ganzen
Körper, die Augen funkeln, die Nägel werden zu Krallen, die Zähne werden
lang und spitz. Geschichten über den „Mannwolf" („Wer" ist germanisch
und heißt Mann) gab es schon in der Zeit der Römer. Im Mittelalter waren
Werwölfe das männliche Gegenstück zu Hexen und wurden genauso hin-
gerichtet. Auch heute spuken Werwölfe noch aktiv: in Computerspielen und
Filmen. So verwandelt sich auch Professor Lupin in „Harry Potter" des Nachts
in einen Wolf.

Wer andern in der Nase popelt ...

Stell dir vor, du bist eine Seekuh und es juckt dich am Rücken. Keine Hand zum Kratzen, kein Baum zum Schubbern ... Kannst du dir vorstellen, wie angenehm es sein muss, wenn da ein Schwarm kleiner Barsche kommt, der lästige Blutsauger, Krebschen und Algen von der Haut der Seekuh abknabbert? Damit ist beiden geholfen – die Fische haben ihr Futter, die Seekuh ihre Ruhe vor Plagegeistern.

Symbiose (aus dem Griechischen „sym" = zusammen und „bios" = Leben) nennen Biologen diese Form gegenseitiger Hilfe, die im Tierreich weit verbreitet ist. So gibt es im Riff spezialisierte **Putzerfische**, die dem **Hai** gefahrlos tief in den furchterregenden Rachen schwimmen dürfen. Fische stehen an den Stationen dieser Putzer tatsächlich Schlange.

Was Putzerfische im Korallenriff, das sind **Madenhacker** in Afrika. Sie entfernen Mücken, Zecken, Läuse, Milben, Hautunreinheiten von **Antilopen**, **Kaffernbüffeln**, **Giraffen**, **Zebras** und Co.

Auch in unseren Wäldern gibt es diese Form der Körperpflege zwischen verschiedenen Arten. So lassen sich **Hirsche** von **Dohlen** putzen. Am liebsten am Kopf, wo sie selbst mit ihrem Maul niemals hinkommen.

Das **Warzenschwein** besucht gern die Kolonie von **Mangusten**, die von seiner Haut abknabbern, was stört.

Eine besondere Form des Zusammenlebens hat sich zwischen **Clownfischen** und **Seeanemonen** entwickelt. Die bunten Fische leben zwischen den Tentakeln der „Blumentiere", ohne dass ihr Gift ihnen etwas anhaben kann. Im Schutz der Tentakel sind sie sicher vor Raubfeinden. Dafür halten sie ihre Hausanemone sauber und frei von Schmutz und Parasiten.

Die 10 beliebtesten Katzenrassen
Welche passt am besten zu dir?

1.

Hauskatze
Rasse und Stammbaum gibt's nicht für die mit Abstand häufigste unter den 15 Millionen Katzen in Deutschland. Weil sie nicht systematisch gezüchtet wurde, gibt es sie in den verschiedensten Farben von Grau bis Rot. Sie ist lebhaft und fühlt sich draußen am wohlsten.

Birma

2.

Sie hat ein schwarzes Gesicht mit saphirblau strahlenden Augen. Ebenfalls schwarz sind ihre Beine, es sieht so aus als trüge sie Stiefelchen – ansonsten ist sie schneeweiß. Vornehm – und ein bisschen langweilig. Sie liegt die meiste Zeit herum und ist eine ideale Wohnungskatze.

3.

Burma

Ursprünglich stammt sie aus Burma, dem heutigen Myanmar. Dort halten sie Mönche als Glückskatze. Sie ist ausgesprochen kontaktfreudig und extrem neugierig. Auch im hohen Alter ist die Burma-Katze immer für ein Spielchen zu haben. Sie hasst es, allein zu sein. Deshalb solltest du eine Burma-Katze niemals ohne Katzenkumpel halten!

4.

Maine-Coon

Sie ist ein richtiger Brocken und wirkt durch ihr buschiges Haar noch größer. Bis zu zwölf Kilo schwer und über einen Meter lang kann eine Maine-Coon werden. Sie gehört zu den intelligentesten und verspieltesten Rassen. Sie kann Türen öffnen und Wasserhähne aufdrehen. Die Maine-Coon ist am liebsten draußen und mag auch Hunde!

5.

Norwegische Waldkatze

So wild, wie sie aussieht, ist sie nicht. Doch sie kann Bäume rauf- und auch wieder runterklettern, was für viele andere Katzen ein Problem ist. Ihr langes Fell ist für die Kälte geschaffen, und sie sieht immer etwas zottelig aus.

6.

Perserkatze

Die Perserkatze mag es komfortabel. Sie liegt gern auf dem Sofa und lässt sich streicheln. Raus zu gehen kommt ihr nicht in den Sinn. So faul die Katze ist – du darfst es nicht sein. Die Fellpflege erfordert viel Zeit und Geduld!

7.

Angora

Im Gegensatz zur faulen Perserkatze ist die Angorakatze immer zum Spielen aufgelegt. Sie hat gerne menschliche oder tierische Gesellschaft und möchte nicht allein gelassen werden.

8.

Ragdoll

Ragdoll heißt so viel wie „Lumpenpuppe". Die Katze wird so genannt, weil sie sich schlaff hängen lässt, wenn man sie hoch nimmt – wie eine Puppe aus Stoff-Fetzen. Die Ragdoll beobachtet lieber durchs Fenster oder vom Balkon, was sich draußen tut, als selbst ins Freie zu gehen und kann so gut in der Wohnung gehalten werden.

Somali

Die Somali ist lieb, umgänglich und extrem anschmiegsam. Mit ihrer zarten Stimme unterhält sie sich mit dir! Sie ist sehr anhänglich und schmust gern mit dir, aber ihre Freiheitsliebe ist riesig und sie muss unbedingt nach draußen können!

9.

10.

Siamkatze

Die blauen, mandelförmigen Augen sind das Markenzeichen dieser uralten Rasse aus Thailand. Weil es da warm ist, hat sie extrem kurzes und pflegeleichtes Haar. Siamkatzen sind sehr schlau!

Bloß nicht den Einsatz verpassen: Singen nach dem Stundenplan

170 verschiedene Arten von Singvögeln leben bei uns. Besonders im Frühling machen die Singvögel ihrem Namen alle Ehre und singen nach Kräften. Wer Ohren hat zu hören, der erkennt die Rufe der einzelnen Arten, und wer eine Uhr hat zum Nachschauen, der kann zu festen Zeiten auf den Einsatz bestimmter Arten warten. So organisiert ist der Stundenplan, dass Vogelkundler von einer „Vogeluhr" sprechen. Zwar kommen die Einsätze im Lauf des Frühjahrs immer früher, doch bleibt die Reihenfolge der Auftritte der kleinen Künstler gleich:

Sumpfrohrsänger singt
die ganze Nacht
Ziegenmelker ab 3.00 Uhr
Feldlerche ab 3.45 Uhr
Rotkehlchen ab 4.00 Uhr
Nachtigall ab 4:00 Uhr
Kuckuck ab 4:00 Uhr
Hausrotschwanz ab 4:15 Uhr
Amsel ab 4:30 Uhr
Gelbspötter ab 4:45 Uhr
Singdrossel ab 5:00 Uhr
Kohlmeise ab 5:00 Uhr
Zilpzalp ab 5.00 Uhr
Mönchgrasmücke ab 5:15 Uhr
Buntspecht ab 5:30 Uhr
Rauchschwalbe ab 5:30 Uhr
Spatz ab 6:00 Uhr
Goldammer ab 6:00 Uhr
Grünfink ab 6:15 Uhr
Star ab 7:30 Uhr

Die Vogeluhr

24.00
01.00
23.00
02.00
22.00
21.00
08.00
07.00
06.00
05.00
04.00

Goldammer

Grünfink

Rauchsch

Bun

Spatz

Star

Ziegenmelker

Feldlerche

Hahn

Zilpzalp

Amsel

Rotkehlchen

Nachtigall

Kohlmeise

Gelbspötter

Kuckuck

Singdrossel

Hausrotschwanz

Die Eisbären
und der Klimawandel

Im Zusammenhang mit dem Klimawandel hört man immer wieder davon, dass Eisbären verhungern. Bestimmt hast du auch schon mal ein Bild von einem Eisbär auf einer schmelzenden Eisscholle gesehen. Aber: Die Zahlen der Naturschützer von IUCN* zeigen, dass es mit den weißen Bären in Wahrheit stetig bergauf geht.

Eine Krise gab es vor etwa 70 Jahren. Damals war die Anzahl der Eisbären weltweit auf nur noch 5.000 Tiere gesunken. Grund dafür war die Bejagung. Seit die Jagd in den siebziger Jahren verboten wurde, stieg die Zahl der Eisbären bis heute auf über 30.000.

Von den weniger bekannten Tieren, die unter der Klimaerwärmung tatsächlich leiden, hört man dagegen selten: Kürzere Winter in den Alpen und wenig Schnee lassen Schneehasen schutzlos werden. Mit ihrem weißen Winterfell auf grünem und braunem Untergrund sind sie leichte Beute für ihre Feinde. Wer von diesen sprichwörtlichen „Angsthasen" nicht von Adlern, Raben und Füchsen gefressen wird, steht unter Dauerstress, verliert seinen Nachwuchs und wird krank. Auch für die Schnee-Eulen des Polarkreises wird es eng, wenn der Schnee verschwindet oder die Bedeckung kürzer wird. Für ihre Tarnung sind die Jäger dringend auf eine weiße Umgebung angewiesen.

*International Union for Conservation of Nature

Die Mutter aller Goldhamster

Hast du auch einen Goldhamster? Bei vielen Kindern ist er das erste Haustier. Doch wusstest du, dass alle Goldhamster von einer einzigen Mutter abstammen? Durch Zufall stießen Zoologen Anfang des 20. Jahrhunderts in der Nähe des syrischen Ortes Aleppo auf einen Hamsterbau. Von den elf dort gefangenen Tieren überlebten nur vier – ein Weibchen und drei Männchen. Sie gewöhnten sich so gut an das Leben in menschlicher Obhut, dass sie sich schnell vermehrten. Bereits ein Jahr später gelangten die ersten Tiere aus diesen Würfen nach England und Frankreich, wo die Nager die Kinderherzen im Sturm eroberten. 1938 traten die Goldhamster ihren Siegeszug in den USA an, aber erst 1948 erreichten die Hamster Deutschland, Österreich und die Schweiz.

Warum Hasen explodieren

7 Tricks eines Überlebenskünstlers

Rundumsicht: Beide Augen liegen an der Seite. Ihr Blickfeld überscheidet sich vorn und hinten. Es gibt keinen toten Winkel. Kein Feind kann sich heimlich anschleichen.

Nie schlafen: Das stimmt zwar nicht ganz – aber wenn Hasen sich in der „Sasse", dem Hasenlager, niederkauern, weckt sie schon der geringste Laut, den sie mit ihren riesigen Ohren empfangen.

Explodieren: Als „Explosion" beschreiben Biologen den Blitzstart eines in seinem Versteck entdeckten Hasen. Mit wenigen Sätzen erreicht er ein Tempo von 70 km/h und ist so beim Start schneller als ein Rennwagen!

Tricksen: Wird er von einem Greifvogel angegriffen, läuft der Hase nicht einfach davon. Er bleibt ruhig sitzen, behält den Greif im Auge, um erst im allerletzten Moment davonzuspringen. Mit einem einzigen Satz springt er dabei bis zu sieben Meter weit.

Täuschen: Ein verfolgter Hase schlägt dauernd Haken und wechselt die Richtung. Manchmal täuscht er einen Haken nur an, wie ein Fußballspieler, um weiter geradeaus zu laufen oder einen vollendeten Haken in der entgegengesetzten Richtung zu schlagen.

Tarnen: Oft entkommen Hasen ihren Jägern, weil sie Bodenformationen auf der Flucht nutzen und sich darin unbemerkt verdrücken. So laufen sie bei Jagden gern in Ackerfurchen und halten ihre Ohren so flach angelegt, dass sie nicht darüber schauen.

Super-Schwangerschaft: Hasen haben viele Feinde – besonders Jungtiere fallen oft dem Fuchs zum Opfer. Diese Verluste macht die Häsin durch eifrige Vermehrung wett. Sie gehört zu den wenigen Säugetieren, die während einer Trächtigkeit wieder schwanger werden können. In 38 Tagen kann sie zweimal Junge bekommen – und zur gleichen Zeit von verschiedenen Männchen trächtig sein.

Tiere für die Ewigkeit: lebende Fossilien

Fossilien sind eigentlich Versteinerungen. Doch manche dieser steinalten Tierformen haben sich aus den Tagen der Dinosaurier und ihrer Vorläufer bis in unsere Zeit erhalten.

Zu Zeiten der Dinosaurier waren Krokodile unterwegs in den Meeren und Gewässern. Ihre Beute waren Saurier oder Haie. Die Hornplatten auf der Haut, die massiven Schädel- und Kieferknochen und das massive Skelett sorgten dafür, dass sich Fossilien von Krokodilen in Massen erhalten haben. In so gutem Zustand, dass teilweise sogar noch zu erkennen ist, was das Krokodil zuletzt gefressen hat! Und was die Forscher noch sehen: Die Krokodile der Saurierzeit sind den heute lebenden zum Verwechseln ähnlich.

Vor über 400 Millionen Jahren hinterließ ein Fisch Spuren im Uferschlamm eines flachen Gewässers auf dem Gebiet des heutigen Australien: Der Fisch war auf vier muskulösen Flossen unterwegs und wie Fossilien zeigen, hatte er als Anhang in seinem Darmtrakt eine Blase, die es ihm ermöglichte, Luft zu atmen. Bis vor 70 Millionen Jahren lebten diese Fische teils im Wasser und teils an Land – dann verschwanden sie, zeitgleich mit den Dinosauriern.

Krokodil

Quastenflosser

Süßwasser-Stechrochen

Pfeilschwanzkrebs

Brückenechse

Riesensalamander

Fossilien mit einem Alter von 100 bis 200 Millionen Jahren zeigen, dass der Süßwasser-Stechrochen an der Pazifikmündung des Ur-Amazonas lebte. Diese urtümlichen Vertreter der Haiverwandtschaft mit ihrem Stachel, der tiefe, schlecht heilende Wunden schlägt, leben eigentlich im Meer.

400 Millionen Jahre alte Fossilien zeigen, dass die Form der Pfeilschwanzkrebse schon früh in der Entwicklung des Lebens so perfekt war, dass es nichts mehr zu verbessern gab: Der stabile Panzer hat die Form eines Hufeisens. Ein Gelenk an der hinteren Hälfte sorgt für Beweglichkeit, der Schwanzstachel für Stabilität beim Laufen und Schwimmen. Aus Sicht von Fossiliensammlern ist der Pfeilschwanz-krebs ein ideales Objekt. Denn platt wie er nun mal ist, wird er von herabrie-selnden Sedimenten nur zugedeckt – und nicht zerdrückt.

Auf einigen kleineren neuseeländischen Inseln lebt eine 50 bis 70 Zentimeter lange Echse, die wie ein Dinosaurier im Miniaturformat aussieht. 200 Millionen Jahre alte Versteinerungen zeigen verblüffende Ähnlichkeit zur Brückenechse von heute. Zu den markantesten Merkmalen dieser alten Tierform gehört die Anlage eines dritten Auges in der Mitte der Stirn – das Scheitelauge. Auf Neu-seeland gab es keine Landraubtiere, vermutlich konnte die ziemlich behäbige Brückenechse hier die Jahrmillionen überleben.

Vor beinahe 200 Jahren fand ein Hobbyforscher in Kalkablagerungen in der Nähe des Bodensees den Abdruck eines rätselhaften Tieres. Es hatte den breiten Kopf, die kurzen Gliedmaßen und die lange, in einem Schwanz endende Wirbel-säule eines Salamanders, war gut einen Meter lang – und 14 Millionen Jahre alt. Anderswo auf unserer Erde fand sich diese Form auch schon in 200 Millionen Jahre alten Ablagerungen. Feuersalamander und Alpensalamander gibt es dort heute noch. Doch die sind höchstens mal 15 bis 20 cm lang. Die letzten Riesen-salamander von bis zu 150 cm Länge leben in klaren und kühlen Bächen Japans und Chinas. Und in einer etwas kürzeren Version auch in Nordamerika.

Such mich doch!

Manche Tiere sind wahre Tarnkünstler – weil sie sich aus Schutz vor Gefahren gut verstecken oder der Umgebung anpassen müssen. Am bekanntesten ist wohl das Chamäleon. Auch einige Tintenfischarten haben die Fähigkeit, ihre Farbe der Umgebung anzupassen und sich so vor Feinden zu verstecken. Es gibt aber auch Tiere, die so gar nicht wissen, was ein gutes Versteck ist …

Rüsseltier hinterm Busch
Bei dieser XXL-Größe wird es schon mal eng. Auch wenn er versucht sich zu verstecken – du hast sicher gleich erraten, wer sich da hinter dem Busch verbirgt!

Küken am Heck
Da musst du schon genau hinschauen: Hier haben sich zwei kleine Seeschwalben unter Mamas Fittiche verkrümelt. Witzig: Das Ganze sieht irgendwie wie ein Gesicht aus.

Lieber was Stämmigeres

Mama Bär ist vor dem Winterschlaf gut bespeckt. Zum Klettern oder Verstecken sollte sie sich lieber einen Baum mit dickerem Stamm aussuchen!

Kauz und bündig

Kein Federchen scheint mehr zwischen den Steinkauz und sein Tagesversteck zu passen. Hoffen wir, dass es ihm in seinem Regenrohr nicht nass reingeht, wenn es regnet.

Da guckst du!

Als 5 Meter hohe Giraffe hat man es beim Versteckspiel in der afrikanischen Savanne wirklich nicht leicht …

Der Name ist Programm

Dieser Tarnkünstler heißt Wandelndes Blatt – es ist nicht schwer zu erraten, woher der Name kommt, oder?

Grün, grün, grün …

… ist das Kleid der Raupe des Abendpfauenauges. Durch die Farbe ist sie auf dem Pflanzenstängel gut getarnt!

Ich sehe was, was du nicht siehst

Der wohl bekannteste Tarnkünstler ist das Chamäleon: In wenigen Sekunden wechselt es die Farbe und passt sich so seiner Umgebung immer wieder an.

Wo bin ich?

Als Nachtjäger werden Eulen tagsüber von allen Vögeln attackiert und vertrieben. Für ihren Tagesschlaf ist es wichtig, sich nicht entdecken zu lassen.

Perfekt im Riff

Nur die Augen verraten das Zwerg-
seepferdchen, das sich an dem
Korallenstock festhält.

Zweimal hinschauen!

Auf den ersten Blick kaum zu erkennen ist dieser Schaukelfisch der
tropischen Meere. Er liegt auf Koral-
len und lässt sich mit der Dünung
schaukeln wie eine Pflanze.

Unter Freunden,
unter Wasser

Hier spielt ein gut aufgelegter
Seehund in der Nordsee mit
dem Taucher Verstecken.

Tierische Großfamilien

Kinder, Kinder – wie schaffen die das bloß?

Pinguine

So lange die Eltern unterwegs sind, um neue Fische für die Jungen zu fangen, schließen die sich zu einem sogenannten Kindergarten zusammen und halten sich gegenseitig warm.

Löwen

Im Nebenberuf ist der Wüstenkönig Kindergärtner. Afrikas Löwen leben in ungewöhnlichen Großfamilien, die von einem oder mehreren Männchen geführt werden. Gehen die Weibchen auf die Jagd, übernimmt der Papa die Aufsicht.

Braunbären

Bei Petzen gibt es eine natürliche Regelung der Kinderzahl. In normalen Jahren hat Mutter Bär zwei Junge zu betreuen, ist das Nahrungsangebot in einer Saison besonders groß, kann sie bis zu vier Babys bekommen.

Brandgänse

Dieser bunte Vogel lebt im Wattenmeer an unseren Küsten.
Altvögel führen und beaufsichtigen in sogenannten Kindergärten
auch die Küken anderer Eltern.

Erdmännchen

Eine große Kolonie ist eine große Familie mit einem Vater und einer Mutter an
der Spitze. Zweimal pro Jahr bringt das Weibchen zwei bis vier Junge zur Welt.
Die Aufzucht schafft sie nur, weil ältere Geschwister als Babysitter helfen.

Stockenten

Die Entenmutter ist alleinerziehend. Das funktioniert, weil ihre Entchen ihr auf Schritt und Tritt folgen und sich schon am ersten Lebenstag selbst versorgen können.

Opossums

Bis zu 20 winzige Junge kann ein Opossum-Weibchen auf einen Schlag bekommen. Wird es für die heranwachsenden Jungen drinnen zu eng, klettern sie der Mutter auf den Buckel und lassen sich tragen.

Mehr geht nicht:
rekordverdächtige Pferde

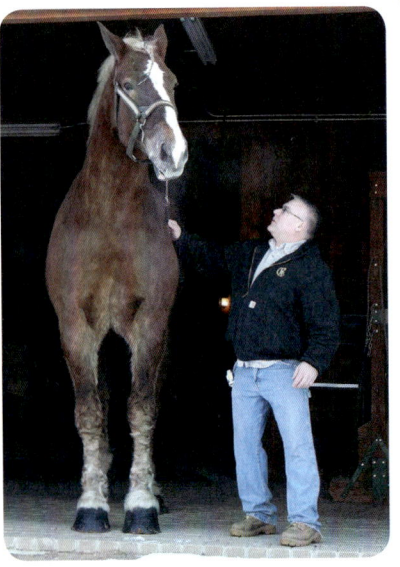

Big Jake – das größte Pferd der Welt

Mit 210,2 Zentimetern Schulterhöhe hält der belgische Wallach den Rekord als weltgrößtes Pferd. Mit rekordverdächtigen 180 Kilogramm Gewicht war Jake schon zur Welt gekommen.

Däumling auf Hüfchen

43 Zentimeter hoch ist das derzeit kleinste aller Pferde: das Mini Shetty Thumbellina (engl. Däumchen). Die Geister scheiden sich an solchen Zwergen. Tierschützer sagen, solche Extreme seien nicht gesund.

Die längste Mähne

Einst waren Friesen-Pferde richtige Ackergäule, die schwere Arbeit auf den Feldern verrichteten. Nachdem Traktoren ihnen die Arbeit abnahmen, werden sie heute von Liebhabern gehalten, auch wegen ihrer Schönheit. Für Paraden und festliche Anlässe werden sie aufgeputzt und frisiert.

Die wildeste Mähne

Tinker – das waren fahrende Kesselflicker und Schrottsammler in England und Irland. Ihre robusten Pferde, die die Karren durch die Dörfer und Städte zogen, hatten nie einen Stammbaum. Für die feinere Reitsportgesellschaft der Inseln kamen sie nicht infrage. Heute sind Tinker-Horses beliebte Freizeitpferde.

Ach so!

Von wegen „König der Tiere"

Der Löwe gilt ja allgemein als mutig und stark. „König der Tiere" wird er genannt, obwohl er nur die zweitgrößte Raubkatze der Welt ist – Tiger sind nämlich größer! Aber mit seiner Mähne sieht der männliche Löwe tatsächlich ganz schön königlich aus, oder? Die Haarpracht könnte auch seine Krone sein. Auch sein Gebrüll ist herrschaftlich und über einige hundert Meter weit zu hören. Aber selbst ein Löwe kann mal in Situationen kommen, in denen ihn der Mut verlässt ...

Dieses Zebra weiß sich zu wehren: Da hat der Löwe keine Chance auf seine Beute!

Dieser Löwe nimmt reißaus vor einer Horde Kaffernbüffel ...

... und dieser Löwe ist vor dem Dickhäuter auf einen Baum geflüchtet!

Die 10 erfolgreichsten tierischen Neubürger

Waschbär

1934 setzte ein Forstmeister zwei Paare amerikanischer Waschbären in Hessen aus. Er dachte, er könnte damit die Natur bereichern. Das Experiment gelang ein bisschen zu gut. Mehr als zwei Millionen Waschbären sind heute in Deutschland unterwegs. Viele suchen menschliche Nähe, weil sie in Städten vor Jägern sicher sind und jede Menge Abfälle finden. Wenn in warmen Sommernächten Fenster und Balkontüren offenstehen, steigen sie ein und futtern auch mal direkt in der Küche.

Halsbandsittich

Die ersten Halsbandsittiche tauchten in den siebziger Jahren im Schlosspark von Wiesbaden auf. Die taubengroßen Papageien waren vermutlich ausgebüxt aus einer Voliere, fanden unser Klima prima und begannen zu brüten. Bald gab es ganze Kolonien von diesen Vögeln an anderen Plätzen. Mehr als 5.000 Halsbandsittiche leben und brüten heute in wärmeren Gegenden Deutschlands.

3.

Flamingo

Woher kamen die bloß? In den achtziger
Jahren tauchten auf einmal in einem westfälischen Moorgebiet Flamingos auf! Sicher
ist nur, dass die großen Kuba-Flamingos und
die kleineren Chile-Flamingos nicht von ihrer
fernen Heimat über das Meer geflogen, sondern aus einem Zoo
geflüchtet waren. Die Zahl der westfälischen Flamingos wächst
von Jahr zu Jahr.

4.

Asiatischer Marienkäfer

Früher konnte man den chinesischen
Käfer im Garten-Versand kaufen, er
sollte Blattläuse an Pflanzen bekämpfen. 2002 brauchte man ihn nicht
mehr zu kaufen: Da war der Käfer auf
einmal im ganzen Land unterwegs –
fast immer in einer großen Gruppe. Denn anders als unsere
Marienkäfer, die einzeln leben, liebt der asiatische Marienkäfer
Gesellschaft. Gern sitzen 50 oder mehr Tiere dicht zusammen.

5.

Nandu

Eigentlich sind Nandus oder Pampasstrauße in
den Grassteppen Südamerikas zu Hause. Doch
einige entkamen aus einem Gehege in Mecklenburg-Vorpommern. Und weil die Laufvögel
ziemlich flink auf den Beinen sind, konnte
niemand sie wieder einfangen. Mehr als 100
Laufvögel sind es inzwischen.

6.

Marderhund

Zu Hause in Sibirien wurde der Marderhund als Jagd-
objekt bereits im 19. Jahrhundert nach Westrussland
und in die Ukraine eingeführt. Hier gedieh das scheue,
nachtaktive Tier in aller Heimlichkeit prächtig und machte sich auf den
Weg nach Westen. 1962 wurde der erste Marderhund in Osnabrück
erlegt, und alles staunte über ein neues Tier im Wald. Inzwischen gibt es
den Marderhund in ganz Deutschland.

7.

Nilgans

Überall, wo es in Afrika Wasser gibt,
gibt es auch Nilgänse. In holländi-
schen Parks, Zoos und Teichanlagen
wurden sie als exotische Vögel
gehalten. Von dort zogen sie in den
siebziger Jahren am Rhein entlang.
Heute sind sie überall zu finden, wo
auch Schwäne und Enten leben.

8.

Kanadagans

Im 17. Jahrhundert wurde es in England
Mode, die schönen Gänse in Parks und
Teichen zu halten. Von dort verbreiteten
sich die Kanadagänse über ganz Europa.
In Deutschland gibt es schon einige
Tausend Brutpaare.

Wollhandkrabbe

Die Wollhandkrabbe aus China mit den
wilden Haarbüscheln an den Scheren-
händen ist trotz Bekämpfung bei uns
auf dem Vormarsch. Es wird befürchtet,
dass die vielen Krabben Turbinen und
Anlagen verstopfen können. Natürliche
Feinde, wie Möwen und Fische, kommen
nicht gegen sie an. Das Verrückte dabei:
In ihrer Heimat China ist die Wollhandkrabbe wegen
der verschmutzten Gewässer vom Aussterben bedroht.

Rotwangen-Schmuckschildkröte

Sie leben in den Sümpfen, Seen und Flüssen der
südlichen US-Staaten. Und als Heimtiere
in vielen von Aquarien und Gartenteichen.
Neu gekauft sind sie gerade mal so groß, wie
eine 2-Euro-Münze – doch nach ein bis zwei
Jahren und guter Pflege sind es Brocken mit einer
Panzerlänge von 15 Zentimetern. So werden
viele Schildkröten heimlich in Seen und Teichen
entsorgt.

Wer weiß denn sowas über Bienen?

Honig gab's mal auf Rezept

Die ersten Ärzte im alten Griechenland heilten viele Beschwerden mit Honig. Deshalb heißt es, dass das slawische Wort „med" (= Honig) der Ursprung aller Medizin war. Honig enthält Antibiotika, die bei Infektionen helfen. Die frühen Ärzte behandelten damit die Wunden ihrer Patienten.

Ein Staat im Fieber

Bienenstöcke können genauso Fieber entwickeln wie Menschen. Die Temperatur im Bienenstock wird von den Arbeiterinnen geregelt. Sie können durch Bewegung ihrer winzigen Muskeln zu Tausenden Wärme produzieren. Wird der Stock von schädlichen Pilzen befallen, macht der ganze Staat mit und steigert die Temperatur so hoch, dass der Pilz sich nicht entwickeln kann.

Parfum im Gepäck

Prachtbienen in Mittelamerika setzen bei der Partnersuche auf verführerische Düfte. Die Männchen haben daran schwer zu tragen: Sie stellen im Lauf ihres Lebens ein Parfum zusammen, das sie in Taschen an den Hinterbeinen aufbewahren. Wenn die Taschen voll sind, entlassen sie ihr Parfum, um Weibchen über große Entfernung anzulocken.

Mistbienen gibt's wirklich

Mistbiene ist ein Schimpfwort. Aber tatsächlich gibt es die echte
Mistbiene. Sie sieht zwar ein wenig aus wie eine Biene –
doch siehst du genauer hin, erkennst du, dass so eine
Mistbiene nur zwei Flügel hat. Sie gehört also in die
Verwandtschaft der Fliegen. Bienen dagegen haben
vier Flügel. Die Maden der Mistbiene gedeihen in
Jauche und lieben Mist als Kinderstube.

Mein Magen ist dein Magen

Bienen kennen kein Eigentum. Selbst der Magen-
inhalt wird geteilt. Wenn eine hungrige Kollegin
darum bittet, gibt jede Arbeiterin ihr etwas ab.
Im Bild siehst du die Nahrungsübergabe.

Hotel für Wildbienen

Um Honigbienen müssen wir uns keine Sorgen machen.
Millionen von Imkern und Hobby-Imkern in aller Welt
kümmern sich um sie. Anders sieht es bei unseren Wildbienen aus. Sie sind durch landwirtschaftliche Gifte und
den Verlust von Unkräutern und Lebensräumen
bedroht. Wer ihnen helfen will, kann
sie mit einem selbst gebauten
„Hotel" für Wildbienen auf den
Balkon oder in den Garten einladen.

So baust du ein Insektenhotel!

Insekten im Garten oder auf dem Balkon sind nicht nervig, sondern nützlich! Sie helfen dabei, Schädlinge zu bekämpfen, indem sie ihre Larven fressen oder bestäuben die Blüten von Nutzpflanzen. Mit einem Insektenhotel kannst du Insekten wie z.B. Wildbienen eine Nisthilfe bieten. Diese hier ist so klein, dass du nicht einmal einen Garten brauchst – das Blumentopf-Insektenhotel passt auch auf den kleinsten Balkon! Damit die Insekten die für sie angefertigte Unterkunft auch annehmen, müssen aber die Voraussetzungen stimmen. Wie du mit einfachen Mitteln eine gute Insektenbehausung selbst bauen kannst, erfährst du hier.

Wichtig: Das Insektenhotel sollte wettergeschützt aufgehängt werden und einen sonnigen Platz haben. Außerdem musst du es regelmäßig von Spinnweben befreien und kaputte Stängel oder anderes Material entfernen oder austauschen, damit die Tiere und du lange etwas davon haben!

Du brauchst:

- eine Säge
- einen einfachen und nicht zu kleinen Blumentopf aus Terracotta (den hast du bestimmt zu Hause. Und wenn nicht, kannst du ihn in jedem Blumengeschäft oder in einer Gärtnerei bekommen)
- hohle Pflanzenstängel, z.B. Schilf, Bambus oder Äste von Holunder- oder Brombeersträuchen
- Stroh, Heu oder getrocknetes Gras

So wird es gemacht:

- Zuerst musst du die harten Stängel mit der Säge abschneiden. Sie müssen so lang sein, wie der Blumentopf hoch ist. Am besten 10 cm oder mehr!
- Die abgeschnittenen Stängel steckst du stramm in den Blumentopf, sodass sie fest darin sitzen und nicht einfach (z.B. von Vögeln) herausgezogen werden können.
- Die Lücken zwischen den Stängeln stopfst du dann noch mit weichem Schilf aus – und schon ist das kleine Bienen-Zuhause fertig!

Mit Stroh oder getrocknetem Gras gefüllt lockt das Blumentopf-Insektenhotel auch Florfliegen und Ohrwürmer an.

Viel Spaß beim Basteln!

Ganz schön clever!

Dass **Hunde** schnell und gerne lernen, hast du sicher schon mal gehört oder selbst erlebt. Sie können Kommandos befolgen, Tricks und Tanzen lernen und helfen den Menschen z.B. als Polizeihunde bei der Arbeit. Wusstest du, dass sie auch Vokabeln lernen können? Nein, nicht Englisch- oder Französisch-Vokabeln wie du in der Schule ... Die Border Collie-Hündin Betsy, die als klügster Hund der Welt gilt, kann andere Vokabeln: Sie kann einen Besen vom Handfeger unterscheiden, holt auf Bitten von Frauchen einen Regenschirm und kennt insgesamt fast 340 Begriffe! Damit gilt sie als einer der klügsten Hunde der Welt.

Aber es gibt auch ganz schön schlaue Wildtiere, die sich vor allem bei der Futter-Beschaffung clever anstellen: Es gab mal einen **Braunbär**, der immer, wenn er eine Motorsäge im Wald hörte, in die Richtung des Geräuschs trottete und dort wartete. Worauf? Wenn das Kreischen verstummte, hatten die Waldarbeiter Feierabend und der Bär sein Abendessen: Denn er war auf den Geschmack von Rapsöl gekommen, mit dem die Sägen geschmiert wurden. Die Kanister aus Blech biss er einfach auf und schleckte das Pflanzenöl!

Wölfe sind so klug, dass sie sich die Jagdtechnik von Bären abschauen. Sie sind gute Beobachter, die von Artgenossen lernen, Aufgaben und Probleme zu lösen – aber eben nicht nur von Artgenossen, sondern auch von anderen Wildtieren. Wölfe in Alaska haben sich die Jagdtechnik der Grizzlys abgeschaut und fischen nun selbst wie die Bären nach fetten Lachsen.

Kluge **Raben** werfen vor Ampeln Nüsse auf Straßen. Läuft der Verkehr, dann rollen Autos darüber. Springt die Ampel auf Rot, spazieren die wartenden Vögel auf die Straße zwischen die stehenden Autos und holen sich die geknackten Nüsse.

Füchse sind ein bisschen hinterhältig und zeigen sich bei der Suche nach Futter als begabte Schauspieler: Bei der Kaninchenjagd spielt der Fuchs den Gelangweilten. In der Nähe von Kaninchen schlendert er umher, schnuppert an Gräsern, knabbert an Knospen und scheint sich nicht die Bohne für die kleinen Nager zu interessieren. Nach einer Weile verlieren die ihre Angst, kommen aus den Verstecken. Geschickt schlendert der charmante Räuber dann in Richtung ihres Baus und schneidet damit den Weg in die Fluchtburg ab.

Delfine sind da wesentlich netter – sie helfen einander und kennen sich sogar beim Namen. Mit Unterwasser-Mikrofonen haben Forscher Delfine belauscht und dabei festgestellt, dass sie ganz gezielt ihre Freunde aus dem Trupp rufen können. Jeder von ihnen trägt einen Namen, auf den er auch reagiert, wenn er von seinen Delfin-Kumpels gerufen wird.

Krieg der Hörnchen

In England kämpfen Jäger und Naturschützer in seltener Einigkeit gegen ein Hörnchen. Sie wollen damit das heimische rote Eichhörnchen schützen, das immer mehr an Boden verliert, seit das Grauhörnchen aus den USA auf die Insel kam. Das Unglück begann mit 350 Tieren, die ein reicher Brite aus den USA für seine Parks und Wälder importierte. Doch leider blieben sie da nicht. Aus den ersten Siedlern wurden schon bald Tausende, die sich über England verbreiteten. Wo immer sie und ihre vielen Nachkommen sich niederließen, vertrieben sie die angestammten roten Eichhörnchen. Die gelten heute auf der Insel als bedroht. Inzwischen wurden erste Wälder als Schutzgebiete für heimische Rothörnchen eingerichtet. Auch in Italien haben die grauen US-Hörnchen Fuß gefasst und sind dabei, ihre kleine rote Konkurrenz aus den Wäldern zu vertreiben.

Jetzt hoffen Naturschützer, dass Baummarder, als natürliche Feinde der Hörnchen, helfen, das Problem zu lösen. Denn Marder bevorzugen Grauhörnchen. Sind die doch auf der Flucht nicht so flink wie die roten und mit rund 600 Gramm Gewicht fast doppelt so schwer.

Der Duft von Klo und Turnschuh …

Zootierpfleger, die einen Giraffenstall betreten, holen vorher noch mal tief Luft. Man muss es einfach sagen: So schön und elegant die Langhälse auch anzusehen sind – von ihrem Duft bleibt einem die Luft weg! Manche Menschen behaupten gar, dass sie in Afrika einen Giraffenbullen auf eine Entfernung von 250 Metern riechen können. Sie vergleichen den Duft mit dem eines viel benutzten, aber wenig gelüfteten Plumpsklos gemischt mit Turnschuh-Aromen. Igitt!

Biologen haben das Geheimnis des Geruchs gelüftet: Es sind tatsächlich dieselben Substanzen, die Klos und Schweißfüßen ihren Duft verleihen. Das ganze Fell der Giraffe ist damit imprägniert! Sinn und Zweck der Stinkerei: das Bekämpfen von Bakterien und Fernhalten von Zecken und Stechmücken. Eigentlich wäre das auch ein prima Insektenschutz für uns. Wir könnten uns damit einreiben und würden nie mehr gestochen. Dafür würden wir aber vermutlich alle Freunde verlieren …

Aufgepasst! Hier kommen die 10 gefährlichsten Tiere

Rund 60 Menschen werden jährlich von Haien angegriffen und verletzt. 5 bis 7 dieser Angriffe sind tödlich. Die meisten Angriffe finden in Australien und den USA statt, besonders oft sind Surfer die Opfer.

In den USA wurden im vergangenen Jahrhundert 115 Menschen von Bären getötet. 35 davon wurden von den als „harmlos" geltenden Schwarzbären getötet, 80 Mal schlugen Grizzly-Bären zu. Meist aber nicht, weil die Bären die Menschen fressen wollten, sondern weil sie überrascht wurden, Angst um ihre Jungen hatten oder angeschossen wurden.

Besonders groß ist in Indien die Gefahr von einem Tiger angegriffen zu werden. Jährlich fallen mehr als 50 Holz- oder Honigsammler und Fischer der Großkatze zum Opfer.

Nicht immer sind es Raubtiere, von denen Gefahren ausgehen. So gelten in Zoos und im Zirkus Elefanten-Bullen als sehr gefährlich. Eine Statistik zeigt, dass durchschnittlich auf jeden männlichen Elefanten in Menschenhand ein getöteter Pfleger kommt. 500 Menschen sterben jährlich bei Zusammenstößen mit wilden Elefanten.

Nilpferde sind sehr reizbar und trotz ihrer zwei Tonnen Gewicht enorm flink. Wer sie unterschätzt, hat schlechte Karten: rund 100 Menschen fallen in Afrika jährlich Nilpferden zum Opfer.

Krokodil

Vielleicht sollte man in Australien und anderen heißen Ländern, in denen Krokodile leben, nicht einfach so ins Wasser springen. 800 Menschen pro Jahr enden im Magen der großen Echsen.

Moskitos

Am kleinsten, aber auch am gemeinsten sind Tiere, vor denen wir eigentlich keine Angst haben – Mücken. Zwischen 100 und 300 Millionen Menschen werden jährlich von Moskitos mit gefährlichen Krankheiten wie Malaria und der Schlafkrankheit infiziert. Für eine Million von ihnen endet das Fieber tödlich.

Löwe

Auch wenn er so friedlich aussieht wie eine große Schmusekatze: besser, man steigt bei Fotosafaris nicht aus dem Geländewagen. Einige hundert Menschen bezahlen jährlich die Begegnung mit der Großkatze mit dem Leben.

Hund

Der beste Freund des Menschen ist gelegentlich auch sein größter Feind. 25.000 Menschen sterben jährlich an Hundebissen. Dazu kommen 60.000 Opfer der Tollwut, die durch nicht geimpfte Hunde übertragen werden kann.

Schlange

Über Schlangenbisse führt die Weltgesundheitsorganisation WHO Buch. Sie vermerkt weltweit 100.000 Todesfälle durch Giftschlangen pro Jahr. Als giftigste und gefährlichste Schlange gilt die Taipan, eine australische Verwandte der Kobra.

Der „goldene" Fisch

Sicher kennst du auch die Darstellung von einem kleinen Goldfisch, der einsam in einem Glas seine Runden zieht. Dass das nicht artgerecht ist, versteht sich von selbst. Heute leben Goldfische in vielen Aquarien und Gartenteichen. Aber weißt du auch, woher und wie dieses beliebte Tier zu uns kam?

Vor 1.000 Jahren notierte ein chinesischer Geschichtsschreiber eine wundersame Natur-Erscheinung: In einem Weiher nahe der Stadt Kiasching im Osten von China gab es gelbe Karpfen! Und er notierte auch, dass der strenge Gouverneur Ting Yen-Tsan unter Androhung grausamster Strafen verbot, diese „Chi" genannten wunderlichen „Gelbfische" zu fangen oder gar zu verspeisen. Das war fast so etwas wie ein „Artenschutzgesetz", das vor allem dem Giebel zu Gute kam, einem unscheinbaren Fisch aus der Familie der Karpfen, der in Flüssen und Seen von Osteuropa über Indien bis China lebt. Weil die „Chis" des Hohen Herrn sich aber so sehr vermehrten, dass der Weiher fast schon überlief, ließ Ting Yen-Tsan seine Kostbarkeiten als Geschenk an befreundete Fürsten und Klöster überbringen. Bald gab es überall im Land Teiche mit den Chi-Fischen. Seeleute und Händler brachten den goldenen Fisch erst nach Holland – und dann in die ganze Welt.

Oft landen die schmucken Teichfische in Aquarien. Eigentlich schade. Denn wer Goldfische nur von der Seite betrachtet, verpasst das Beste. Im Teich, mit einer Sicht von oben, kommen die 500 verschiedenen Goldfisch-Formen, die inzwischen entwickelt wurden, nämlich viel besser zur Geltung!

Kühe ohne Hörner?

„Stirnwaffenträger" ist der zoologische Name der Wiederkäuer, zu denen auch Rinder gehören. Die Natur hat den Auerochsen, den wilden Vorfahren unserer Kühe, mit mächtigen Hörnern ausgestattet. Damit konnte er sich verteidigen, drohen, seinen Platz in der Rangordnung erobern – und sich kratzen. Vor 500 Jahren verschwanden die letzten Auerochsen, und bald sind vielleicht auch die letzten Hörner auf den Köpfen unserer Hausrinder verschwunden ...
1980 zeigten sich die ersten hornlosen Kühe bei uns. Heute leben schon neun von zehn Kühen „oben ohne". Das hat vor allem praktische Gründe für die Bauern: Ohne Hörner haben mehr Rinder Platz im Stall, Kühe passen besser durch Futterbügel und in Melkmaschinen. Tierschützer kritisieren aber das heute übliche Enthornen der jungen Kälbchen. Denn das Horn ist ein lebendes Organ. Es ist durchblutet, warm, mit Nerven versehen. An heißen Tagen sorgt es als biologische Klimaanlage dafür, dass Kühe einen kühlen Kopf haben.
Viele Biobauern lassen den Kühen ihre Hörner. Zu ihnen gehört zum Beispiel Armin Capaul aus der Schweiz. Dem Bergbauern geht es dabei nicht nur um die Gesundheit von Tier und Mensch, sondern auch ums Aussehen: „Seht euch doch mal die glücklichen Kühe auf Schokoladen- und Milchpackungen an! Die alle tragen eine Glocke um den Hals und wunderbare Hörner auf dem Kopf!"

Biobauer
Armin Capaul

Wer hätte das gedacht?

Kurioses

Echte Krokodilstränen

Bunte Schmetterlinge haben sich auf der Nase des Kaiman niedergelassen. Was sie hier suchen, sind tatsächlich Krokodilstränen! Die trinken sie. Denn in der Tränenflüssigkeit gibt es Salz. Und Salz ist in den Regenwäldern absolute Mangelware.

Kleinstes Reptil

Das Kurzschwanzchamäleon ist mit gerade mal 2 Zentimetern Länge das kleinste Reptil der Welt. Es lebt in den Wäldern von Madagaskar und sucht zwischen Laub nach winzigen Insekten, Spinnen und Milben.

Ganz schön giftig

In den Urwäldern ernähren sich die bunten Fröschlein von Krabbelgetier wie Ameisen, Käfern, Tausendfüßlern und Termiten. Aus denen produzieren die Pfeilgiftfrösche ihr gefürchtetes Gift. Würde man nun ein paar Frösche einsammeln, sie auf Diät setzen oder ihre Ernährung auf giftfreies Getier umstellen, wären auch sie nicht mehr giftig.

Fisch-Schönheit

Den Tränen nahe blickt uns der Blobfisch an. Wurde er doch kürzlich zum hässlichsten Tier der Welt gekürt. Dabei ist er bestens angepasst an sein Leben in 1.000 Metern Tiefe, am Meeresgrund. Schönheit zählt in der ewig dunklen Tiefe nicht. Seinen wabbeligen Körper versteckt er im Sand, wo er auf Beute wartet.

Weiß oder braun?

Hühnern kann man an den Ohren ansehen, welche Farbe ihre Eier haben. Mit der Farbe der Federn hat es nichts zu tun. Gibt es doch braune Hühner, die weiße Eier legen und umgekehrt. Aber es gilt: An den sogenannten Ohrscheiben der Hühner kann man erkennen, welche Farbe die Eier haben. Rote Ohren bedeuten braune Eier, weiße Ohrscheiben weiße Eier.

Große Verwandtschaft

Felsige Wüsten und Halbwüsten Afrikas sind die Heimat des Klippschliefers. Zoologisch gesehen gehört er zu den nächsten Verwandten der Elefanten. Anders als sein eher gelassener, tonnenschwerer Vetter, ist der winzige Klippschliefer immer auf dem Sprung, um sich in Windeseile zwischen Felsen oder in seiner Höhle in Sicherheit zu bringen. Leoparden, Schlangen und Greifvögel stellen ihm nach.

Pinkeln im Handstand

Von Pandamännern können Hunderüden lernen: Wenn sie mal müssen, heben sie nämlich nicht nur ein Bein, sondern gleich ihre beiden Hinterbeine und stützen sie an den Baum ihrer Wahl. Sinn und Zweck des umständlichen Wasserlassens im Handstand ist es, die Marke möglichst hoch zu setzen. Denn aus der Höhe schließen Rivalen auf die Größe des Revierinhabers. Bei den kurzen Beinchen der Bambusbären schindet der Handstand mächtig Eindruck.

Kleine Tenöre

Männliche Mäuse können singen. Sie quieken nicht nur, nein, sie singen in einem für Menschen nicht hörbaren Bereich hoher Töne und bezirzen damit die Damenwelt. Forscher fanden heraus, dass sie ihre Melodien von anderen klauen. Damit gehören sie zu der Gruppe der „Lautlerner", zu denen unter anderem Delfine, Fledermäuse, verschiedene Vögel und Elefanten zählen.

Vogel mit Rückwärtsgang

Bei Blütenbesuchen bleiben Kolibris im Schwirrflug vor dem Blütenkelch in der Luft stehen, um ihren Schnabel und ihre Zunge tief in den Nektar zu tauchen. Und genauso elegant, wie sie teilweise hinein fliegen, rangieren die einzigen Vögel der Welt, die rückwärts fliegen können, wieder hinaus aus dem Blütenkelch.

Trockene Teddys

Der Name Koala stammt aus der Sprache der australischen Ureinwohner. Die hatten eine treffende Bezeichnung für das Vorbild aller Teddybären. In ihrer Sprache heißt „Koala" nämlich „trinkt nicht". Und das stimmt tatsächlich. Koalas futtern nur – an Wasserstellen sieht man sie nie. Alles Wasser, das sie brauchen, nehmen sie mit den Eukalyptus-blättern auf, die sie täglich pfundweise verzehren. Allerdings nehmen sie in Dürrezeiten dankbar Wasser an, das Tierschützer ihnen bereitstellen.

Das Herz einer Katze

Pro Minute schlägt das Herz einer Katze in der Ruhe 100 bis 120 Mal. Kommt ein Hund daher, steigt der Pulsschlag auf rasende 160. Einen Wert, den das Menschenherz in der Regel nur unter extremer sportlicher Belastung erzielt. Im Normalzustand schlägt unser Herz etwa im Sekundentakt, also 60 bis 70 Mal pro Minute.

Falter mit Lebensversicherung

Nie verfangen sich Schmetterlinge in Spinnennetzen. Zwar gerät auch ein unvorsichtiger Falter mal ins Netz – doch ein feiner Puder, der die Flügel bedeckt, verhindert, dass er kleben bleibt. Sozusagen eine Lebensversicherung für den Falter.

Keine Angst vor niemand

Honig ist seine Leibspeise. Dafür bricht der tapfere Marder die Stöcke von Wildbienen auf. Dass die sich massenhaft auf ihn stürzen, stört ihn nicht. Es muss aber nicht immer Honig sein. Der Dachs legt sich auch mal mit einer Giftschlange an, die seinen Weg kreuzt. Auch giftige Skorpione verzehrt er mit Genuss. Wenn er auf Krawall gebürstet ist – und das scheint meist der Fall zu sein –, nimmt er es auch mit einem Löwenrudel auf. Einen Schakal vertreibt er, weil er seine Ruhe haben will. Und mit der großen Antilope, die mit ihm am selben Wasserloch trinken will, legt der Honigdachs sich auch an.

Der König der Wälder ist ein Warmduscher

Laut röhrt er im Wald und stolz trägt er sein Geweih. Doch tatsächlich ist der Rothirsch ein ziemliches Weichei, haben Verhaltensforscher festgestellt. Schon beim leisesten Anzeichen von Regen verlassen Rothirsche die Lichtung und suchen ein trockenes Plätzchen unter Bäumen. Die erheblich kleineren, unscheinbaren Weibchen aber bleiben weiter auf offener Weide und futtern Gras – auch wenn es noch so heftig regnet.

Ach so!

Von wegen Affen äffen alles nach

Jetzt ist es raus: Menschen äffen Affen nach – und nicht umgekehrt! Aufgepasst, wenn du im Zoo vor den Affen stehst. Könnte sein, dass du heimlich beobachtet wirst.

Im Zoo von Chester in England nahmen Psychologen am Freigehege der Schimpansen die Besucher heimlich mit der versteckten Kamera auf. Danach zählten sie, wie oft die Menschen Faxen machten, Grimassen schnitten, mit den Armen ruderten, sich auffällig kratzten und wie oft sie den Affen die Zunge rausstreckten. Das Ergebnis der Studie: Nicht die Menschenaffen machen uns nach – viel häufiger äffen Menschen die Affen nach. Meist machten sich die Besucher zum Affen, indem sie sich so benahmen, wie sie es wohl von den Affen erwartet hatten.

Tierische Rekorde – unglaublich, aber wahr

68 J

Vogel-Oma

Im Alter von 68 Jahren ist Albatros Wisdom, der älteste Vogel der Welt, im Februar 2019 wieder Mutter geworden. Man weiß das so genau, weil Wisdom 1961 von einem Biologen mit einem Ring versehen wurde. Seit vielen Jahren wird die rüstige Vogelmama, die auf Hawaii und Nachbarinseln lebt, von Naturschützern beobachtet.

50/15

Mini-Määäh

Das Ouessantschaf, auch Bretonisches Zwergschaf, ist Europas kleinste Schafrasse. Der Mini stammt von der kleinen und kargen Insel Ouessant vor der französischen Küste. Das Gewicht der gerade mal 50 cm hohen Tiere liegt bei 15 Kilo.

150 Tsd

Geht ins Geld

Der teuerste aller Kois, der auf dem Kopf eine rote Sonne auf weißem Grund trägt und dessen Muster damit der japanischen Flagge ähnelt, erzielte auf einer Auktion den Preis von 150.000 Euro.

Streng geheim

Knapp zwei Meter lang sind die Stoß-
zähne eines Elefantenweibchens
in Kenia. Wo genau das Tier lebt,
wird geheim gehalten, um keine
Elfenbein-Wilderer auf die
Spur zu bringen.

Frisst und frisst

Ralph ist das größte Kaninchen der
Welt. Er wiegt mehr als ein drei-
jähriges Kind. Und er frisst und
frisst und frisst …
„Ich habe keine Ahnung, wie groß
er noch wird", sagt seine Besitzerin
Pauline aus England.

Turbo-Taucher

Mit einer Spitzengeschwindigkeit
von 36 km/h (entspricht 100 Meter in
10 Sekunden) sind Eselspinguine die
schnellsten aller Pinguine.

Riesenherz

Der Blauwal, das größte aller Säugetiere, hat
ein Herz von der Größe eines Kleinwagens.
Bei Anstrengung schlägt es nur 18 bis 20 Mal
in der Minute, in Ruhe nur zwei Mal.

Pausenlos

Mit einem 11.500 Kilometer langen Flug ohne Zwischen-
landung hat eine Pfuhlschnepfe den Streckenweltrekord für
Zugvögel aufgestellt. Per Satellit konnten Wissenschaftler ihre
Reise von Alaska bis nach Neuseeland verfolgen.

Von wegen Papageien plappern nur nach

Wenn Papageien sprechen, so plappern sie einfach nach, verstehen aber nicht, was sie sagen. Glaubst du das? Das stimmt aber nicht! Die Tierpychologin Irene Pepperberg konnte mit ihrem Papagei Alex beweisen, dass diese Annahme völlig daneben ist. Hielt man ihm einen Gegenstand hin und fragte nach der Farbe, so konnte Alex ohne Problem Blau, Gelb, Grün oder sonst was sagen – eben die richtige Farbe. Bei Bauklötzchen konnte er runde von eckigen unterscheiden. 200 Worte konnte er sprechen, 500 Menschenworte verstand er. Wenn es um Zahlen ging, dann konnte Alex auf die Frage: „Wie viele Klötze liegen da auf dem Tisch?" in vier von fünf Fällen die richtige Antwort geben. Aber nur, solange es sich um sieben oder weniger handelte. Bei höheren Zahlen war er überfordert – vielleicht aber auch nur gelangweilt. In diesem Fall konnte Irene von ihrem Alex hören: „I'm gonna go away" – „Ich hör jetzt auf".

Katzen im Reich des Pharao

Als vor 10.000 Jahren erste Städte entstanden und das erste Getreide angebaut wurde, entdeckten wilde Katzen ein neues Jagdrevier: In den Kornkammern der Menschen tummelten sich Mäuse in Massen. Den Menschen muss dieses Tier, das aus der Wildnis kam, um ihre Vorräte zu schützen, wie ein himmlischer Helfer erschienen sein. Katzen waren beliebt – Hunde wurden aus der Nähe der Kornkammern verbannt, um sie nur bloß nicht zu vertreiben. 1.000 Jahre vor Christus entstand am Nil ein Kult um die Katzen. Hochburg der Verehrung war der Ort Bubastis, benannt nach der katzenköpfigen Göttin Bastet. Priester und Familien pilgerten dorthin, um sie zu ehren. Sie brachten ihre verstorbenen und einbalsamierten Katzen zur Bestattung nach Bubastis. Als die Grabstätten entdeckt wurden, fanden sich Millionen von Katzenmumien. Der Tod einer Katze brachte Trauer über die Familie. Zum Zeichen der Trauer ließen alle sich die Augenbrauen abrasieren. Erst wenn die wieder nachgewachsen waren, war die Trauerzeit beendet.

QUIZ

Wenn ich groß bin, werde ich ein Flamingo

Aha EXTRA

Viele Tiere, vor allem Vögel, Insekten und Reptilien, sehen direkt nach dem Schlüpfen ganz anders aus als als ausgewachsene Tiere. Schau dir die Bilder auf den folgenden Seiten genau an: Kannst du die Tier-Babys den richtigen Arten zuordnen?

A

B

C

D

E

F

1 Nandu
2 Gänsegeier
3 Königsgeier
4 Pinguin
5 Beutelmeise
6 Flamingo
7 Fasan
8 Schwan
9 Kiwi
10 Wachtel
11 Habichtskauz

L

M

N

O

P

12 Marienkäfer
13 Teichhuhn
14 Zauneidechse
15 Ente
16 Tukan
17 Totenkopfschwärmer
18 Habicht
19 Zauneidechse
20 Meise
21 Kranich
22 Erdkröte

Q

R

S

T

U

V

Menschen und Tiere in der Geschichte

Tiere (vor allem Mammuts) werden in Höhlenmalereien dargestellt.

Die Menschen beginnen, Tiere zu zähmen und für sich zu nutzen, z.B. Hunde, Schweine, Ziegen und Hühner. Im alten Ägypten wurden Rinder für die Landarbeit gezüchtet und Hunde als Haustiere gehalten.

In China entsteht ein Vorläufer der heutigen Zoos: Der Kaiser Wen-Wang bestückt seinen „Garten des Wissens" mit Tieren aus vielen Teilen der Welt: Tiger, Tapire, Riesenschlangen.

500
Jahre v. Chr.

218
Jahre v. Chr.

0

80
Jahre n. Chr.

Der griechische Philosoph Xenophanes entdeckt erste Fossilien und erkennt diese als Überbleibsel von Tieren.

In Rom wird das Kolosseum eröffnet: Wildtiere wie Löwen, Leoparden, Giraffen, Hyänen werden zur Schau gestellt und in Schaukämpfen getötet.

Hannibal überquert als erster Mensch die Alpen – mit seinem ganzen Heer und mit 39 Elefanten.

Mit den Kreuzzügen kommt
die Falkenjagd vom Nahen
und Mittleren Osten nach
Europa und wird zu einer
beliebten Beschäftigung
des Adels.

Heinrich der III. von England lässt
eine Menagerie im Tower von London
erbauen, in der man u.a. einen Elefanten
bestaunen kann. Viele Adlige folgen
seiner Idee und lassen kleine Tierparks
an ihren Anwesen erbauen.

Portugiesische Händler bringen ein
Panzernashorn nach Lissabon. Das
Tier sorgt in ganz Europa für Aufsehen.
Albrecht Dürer hat es zwar selbst nicht
gesehen, aber er zeichnet es nach
Beschreibungen.

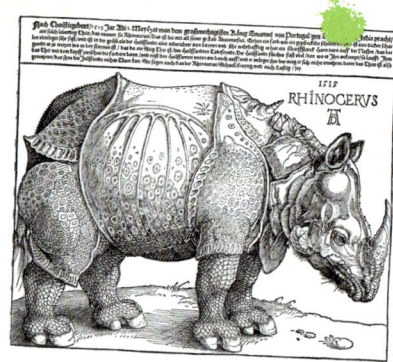

1800   **1822**   **1828**   **1844**

Der erste zoologische
Garten, der sich auch
so nennt und für die
Öffentlichkeit bestimmt
ist, wird in London eröffnet.

In Berlin wird der erste Zoo
in Deutschland eröffnet.

Alexander von Humboldt
thematisiert erstmals den
Klimawandel – und den
Menschen als dessen Ursache.

In Mecklenburg-Vorpommern landet ein
Storch und stirbt kurz nach der Landung –
Ursache ist ein Pfeil, der den Verzierungen
nach aus Afrika stammt. Der unglückliche
Vogel ist der Beweis dafür, dass Störche im
Süden überwintern, um im Frühling
wieder nach Europa zurückzukehren.

1865   1938   1960

Gregor Mendel beweist anhand von Erbsen, dass die Vererbung bestimmten Regeln folgt.

Englische Naturforscher entdecken in den Regenwäldern des Kongo das Okapi, eine im Wald lebende, kurzhalsige Verwandte der Giraffe.

Die Forscherin Jane Goodall geht nach Afrika, um am afrikanischen Gombe Strom mit Schimpansen zu leben. Sie beobachtet, dass die Primaten nicht nur Werkzeug benutzen, sondern auch herstellen können – und damit den Menschen ähnlicher sind, als bis dahin angenommen.

1975   **1996**   **2001**   **2019**

Edward O. Wilson widerlegt mit seiner Soziobiologie die bis dato vorherrschende Theorie der Arterhaltung: Er stellt fest, dass es dem einzelnen Tier nicht um das Überleben seiner Art geht, sondern um seine eigenen Gene – Tiere sind also sehr wohl egoistisch.

Biologen stellen fest, dass die Zahl der Insekten – allen voran der Schmetterlinge – dramatisch abnimmt. Der Rückgang von Käfern, Wildbienen, Hummeln und Ameisen wird nicht nur in Deutschland, sondern weltweit beobachtet. Intensive Landwirtschaft, Insektizide und Umweltgifte gelten als Ursache. Davon betroffen sind auch viele Vogelarten, die von Insekten leben.

Das erste Säugetier wird geklont: Schaf Dolly.

Eine Expedition deutscher Primatologen entdeckt auf Madagaskar den nachtaktiven Wollmaki, eine bis dahin unbekannte Primatenart.

Was Menschen über Tiere sagen

Jeder bekommt den Hund, den er verdient.
(Martin Rütter, Hundetrainer)

Tiere sind die besten Freunde. Sie stellen keine Fragen und kritisieren nicht.
(Mark Twain, Schriftsteller)

Der einzige, der einen Ozelotpelz wirklich braucht, ist der Ozelot.
(Bernard Grzimek, Tierfilmer)

Jeder ist ein Genie. Aber wenn du einen Fisch danach beurteilst, ob er auf einen Baum klettern kann, wird er sein ganzes Leben lang glauben, er sei dumm.
(Albert Einstein, Physiker)

Tiere sind meine Freunde, und ich esse meine Freunde nicht.
(George Bernhard Shaw, Schriftsteller)